Saint-René Taillandier

L'Histoire du droit de punir

Essai

ISBN : 978-1981291458

10   9   8   7   6   5   4   3   2   1

Saint-René Taillandier

L'Histoire du droit de punir

Essai

Table de Matières

L'Histoire du droit de punir

Les subtiles doctrines de philosophie morale qui, en Angleterre et en France, essaient de se substituer aux grandes traditions du genre humain ont abouti récemment à des conclusions fort étranges ; des esprits ingénieux, pénétrants, des penseurs qui ne sont nullement à dédaigner, ne craignent pas de contester à la société le droit de punir les délits et les crimes. Telle est en effet leur façon de comprendre la conscience et la liberté de l'homme qu'il ne peut plus y avoir ni crimes ni délits. A les entendre, quand la société condamne à mort un homme convaincu d'assassinat, elle se trompe sur la nature de l'arrêt qu'elle prononce ; elle n'a pas le droit de déclarer que cet homme est un criminel, elle a seulement le devoir de le faire disparaître comme un danger public. Cet homme est une anomalie, une monstruosité ; le salut de l'espèce veut qu'il soit mis hors d'état de nuire. On ne frappe pas en lui un être libre, un être moral, qui aurait violé des lois éternelles, car tous ces mots, d'après les docteurs dont il s'agit, sont entachés de mysticisme ; on ne fait autre chose que supprimer un obstacle. Comme il appartient à un ensemble de créatures réunies en société, il faut bien, tout en plaignant son sort, lui appliquer les règles d'une responsabilité sociale ; quant à la responsabilité morale, la société n'a pas le droit d'en parler. Qu'elle frappe, mais qu'elle se taise.

Les théories très diverses qui, en transformant, parfois même en déguisant à force de science et de subtilité les vieilles erreurs du matérialisme, sont arrivées à de tels résultats, ont été ici même l'objet d'un examen approfondi. Il n'est pas nécessaire de rappeler aux lecteurs de la *Revue* la belle et lumineuse étude de M. Caro sur la responsabilité morale et le droit de punir dans les nouvelles écoles philosophiques. Nous voulons seulement signaler un livre qui nous semble tout rempli de pièces justificatives à l'appui de ses hautes doctrines. Notre collaborateur a discuté avec force toutes les objections qu'on oppose au droit de punir ; l'histoire du droit de punir est précisément le sujet de l'ouvrage dont il s'agit. Les premiers volumes, publiés il y a une quinzaine d'années, ont été annoncés à cette date par un écrivain que la mort nous a enlevé dans la force de l'âge et du talent. M. Louis Binaut, avec son goût des antiques traditions, son culte des origines sacrées du genre humain, avait été singulièrement frappé de toutes les richesses que renferme ce livre, de tant de faits, de renseignements, d'idées, sur les commencements du droit pénal dans toutes les civilisations. Il sentit qu'il y avait là comme les premières assises d'une œuvre considérable, il félicita l'auteur d'avoir poussé sa laborieuse investigation jusque vers la fin du moyen âge, et déclara que pour l'étude de l'histoire sociale, la seule qu'il eût envisagée, on y trouverait beaucoup de secours. Aujourd'hui les dernières parties viennent de paraître ; l'œuvre entière est devant nous ; elle ne forme pas moins de sept volumes. Si l'auteur, M. Albert Du Boys, pressé sans doute par la crainte de ne pas arriver au terme d'une si vaste entreprise, n'avait pas cru devoir publier l'une après l'autre les différentes. sections de son ouvrage en variant les titres et les sous-titres, l'unité du livre apparaîtrait aujourd'hui avec plus de précision. Il faut un certain effort pour relier ces fragments. En réalité, c'est une histoire universelle du droit pénal chez les peuples anciens et modernes que M. Du Boys a eu l'ambition d'écrire ; mais, si la pensée de l'ensemble est manifeste, la disposition des matières ne paraîtras y répondre suffisamment. Il y a un enchaînement général qui fait défaut. On dirait les matériaux d'un monument plutôt que le monument entrevu dans l'éclair d'une généreuse ambition. Qu'importe après tout ? Si l'art, qui a toujours sa place et son prix même en des œuvres d'érudition austère, n'a pas réalisé ici tout ce qu'il devait, les fragments que nous regrettons de ne pas voir plus fortement soudés n'en ont pas moins de valeur. Cette histoire du droit criminel dans l'antiquité, au moyen âge, chez les modernes, cette histoire qui nous conduit en Italie, en Espagne, en Angleterre, en Allemagne, chez les Slaves et les Scandinaves, avant de s'établir en France comme au cœur de l'Europe, cette histoire en définitive, malgré ses divisions trop peu équilibrées, nous présente une immense enquête sur le développement de la justice et de la civilisation. C'est un arsenal de documents et d'arguments, la philosophie sociale peut y puiser à pleines mains pour sa démonstration du droit de punir.

On connaît le grand argument des nouvelles écoles contre l'idée du droit pénal, telle que la conçoivent les sociétés modernes ; selon les docteurs positivistes, cette idée est le produit d'une évolution, d'une combinaison successive d'éléments de plus en plus raffinés, tandis qu'à l'origine il n'y avait pas autre chose qu'une pensée d'indemnité grossière, l'indemnité d'argent, le prix du sang versé, la rançon du meurtre, le *wergeld*.[1] Ce que nous appelons crime, disent-ils, n'était considéré alors que comme un dommage. Le dommage voulait une réparation ; l'offenseur devait donc une rançon à l'offensé, le meurtrier devait une rançon aux parents de sa victime. Dans tout cela, aucun indice d'une obligation supérieure s'imposant à la liberté de l'homme et engageant sa responsabilité morale ; l'intérêt seul était en jeu. On voit aisément quelle serait la portée de cette théorie dans l'intention de ceux qui la produisent ; pour les docteurs que nous combattons, il s'agit avant tout de détruire partout l'idée de la loi première, de la loi non écrite, de celle que Dieu même a gravée au cœur de l'homme. Je sais bien que dans la théorie du *wergeld*, c'est-à-dire de la compensation pécuniaire, prise pour point de départ de l'idée de justice, une analyse pénétrante découvrirait encore cette trace du divin que l'athéisme essaie vainement de faire disparaître. Qu'est-ce que l'idée de tort, de dommage, de compensation ? Qui a décidé que le meurtrier devait une somme d'argent aux enfants de la victime ? Comment le meurtrier, soit qu'il acquitte cette dette, soit qu'il s'y refuse, admet-il les réclamations qu'on lui adresse ? Évidemment ces seuls mots, *devoir*, *dette*, *paiement*, impliquent une notion de justice, notion encore bien vague, bien confuse, notion élémentaire, mais qui n'existerait pas sans une loi antérieure et supérieure à la race humaine. N'importe ; il ne faut pas même laisser à nos adversaires cette apparence d'un argument tiré de l'histoire : l'histoire au contraire, ici comme partout, inflige à leurs doctrines un éclatant démenti. Ils disent que la compensation pécuniaire est la première forme sous laquelle apparaît ce qu'on appellera plus tard droit et justice ; rien de plus faux. La compensation pécuniaire, la rançon, le *wergeld*, toutes ces choses qui tiennent en effet une si grande place dans les législations primitives, ne sont pas du tout un point de départ, elles ne sont qu'un épisode amené par des circonstances particulières, épisode que l'enquête de M. Albert Du Boys a remis dans tout son jour.

Le premier volume de L'ouvrage, *Histoire du droit criminel des*

---

1 On écrit souvent *wehrgeld*, la vraie orthographe est *wergeld* d'après les étymologies germaniques, le maître des maîtres en ces matières, M. Jacob Grimm, fournit à ce sujet des preuves qui ne laissent aucun doute. Voyez *Deutsche Rechtsalterthümer*, von Jacob Grimm, 2e édition ; Gœttingue 1834, p. 661.

peuples anciens, ainsi que les deux volumes qui suivent, *Histoire du droit criminel des peuples européens, Histoire du droit criminel des peuples modernes*, nous fournissent un nombre considérable de textes d'où il résulte qu'aux âges primitifs, dans les sociétés les plus rudimentaires, dès la première atteinte portée à un être humain par son semblable, l'idée de justice se manifeste aussitôt, étroitement liée à celle de châtiment. Un acte injuste a été commis ; celui qui a commis l'injustice mérite d'être châtié. Il y a donc des choses justes et des choses injustes, il y a donc une loi qu'il n'est pas permis de violer. L'humanité primitive a senti d'instinct que toute violence faite à l'un de ses membres était la violation d'une loi universelle. Elle avait même un instinct si vif de cette loi divine, elle la sentait si bien en elle, autour d'elle, au-dessus d'elle, elle la voyait partout si vigoureusement empreinte, que le premier châtiment infligé aux grands malfaiteurs est précisément de s'être mis eux-mêmes hors la loi. A lire ces documents des vieux âges, dans le monde barbare comme dans le monde antique, il semble que la conscience humaine ait dit : « Celui-ci a violé la loi, la loi ne le protège plus ; il a détruit ce qui devait le défendre ; il est condamné, il est maudit ; quiconque le trouvera sur son chemin pourra le tuer. » Ce sont les paroles de Caïn au quatrième chapitre de la *Genèse* : « Seigneur, vous me chassez de dessus la terre, je m'irai cacher de devant votre face, je serai fugitif et vagabond, quiconque me trouvera me tuera. » Voilà le premier des maudits, de ceux qui se sont mis eux-mêmes hors la loi. Voyez maintenant, bien des siècles plus tard, le recommencement des sociétés humaines après la décomposition du vieux monde. Dans l'Europe germanique et Scandinave, la loi populaire, écho de l'éternelle conscience, jettera aussi hors du droit commun celui qui aura rompu la paix. Écoutez la loi islandaise : « S'il se trouve quelqu'un d'assez insensé pour commettre un meurtre après avoir juré la paix, qu'il soit proscrit et marqué de l'anathème céleste, partout où les hommes poursuivent le loup, où les chrétiens visitent les églises, où les païens font des sacrifices, où les mères donnent le jour à des enfants et où les enfants appellent leurs mères, partout où le feu brûle, où le Finnois patine, où le sapin croît et où le faucon vole au jour du printemps, quand le vent vient enfler ses deux ailes et l'emporter dans les airs. » Est-ce qu'on n'entend pas retentir en ce poétique anathème le cri que le sentiment de l'ordre violé arrachait à Caïn ? N'est-ce pas là aussi le vagabond chassé de toute la terre, obligé de fuir partout la face de Dieu ? Il ne lui reste pas une place où il puisse marcher, s'asseoir, respirer l'air du matin, jouir de la clarté des cieux. Il est mis hors la loi, c'est-à-dire hors du monde.

Ainsi, l'idée de justice et l'idée de châtiment, attachées l'une à l'autre d'une façon indissoluble, voilà le point de départ de toutes les transformations que le droit criminel doit subir à travers les siècles. Nous avons dit le caractère auguste que présente cette première apparition de la loi d'en haut ; il est tout naturel pourtant que ces deux idées, malgré ce qu'elles ont de sublime, subissent longtemps de grossiers alliages au sein des sociétés informes. A l'idée de châtiment par exemple se joindra l'idée de vengeance. De là les ressentiments implacables, les haines héréditaires, les guerres privées de famille à famille se perpétuant de génération en génération ; de là aussi de nouveaux crimes engendrant des violences nouvelles. Cet homme mis hors la loi, le Caïn de la *Genèse*, l'*outlaw* des Anglais, l'*homo faidosus* de la loi frisonne, ce criminel exposé aux *vengeances permises* est comme une tentation offerte à d'autres malfaiteurs. Les lois des premiers temps s'efforcent bien de restreindre le droit de vengeance aux fils ou aux plus proches parents de la victime (*ultio proximi*) ; mais cette restriction même, qu'il a été nécessaire d'édicter, montre assez quels désordres résultaient de cette justice irrégulière, justice vagabonde comme celui qu'elle pourchasse. Alors s'établit peu à peu la coutume du rachat du crime. C'est la seconde étape, et point du tout la première, dans ce développement confus des premiers âges. On en trouve encore la trace dans l'histoire de Caïn. Lorsque le meurtrier d'Abel, se sentant *chassé de toute la terre*, obligé de *fuir partout la face de Dieu*, lui crie avec désespoir : « Donc quiconque me trouvera me tuera, *omnis igitur qui inveniet me occidet me,* » le Seigneur lui répond : « Non, cela ne sera pas. Quiconque tuera Caïn en sera puni au septuple. *Nequaquam ita fiet, sed omnis qui occident Cain septuplum punietur.* » Et le Seigneur mit un signe sur Caïn afin que ceux qui le trouveraient ne le tuassent point. — Après quoi, le maudit s'éloigne, il prend femme, il a des enfants, il bâtit une ville. C'est la rançon du crime ici-bas, le voilà en paix avec les hommes ; Dieu s'est réservé le droit de le punir. Pareillement, dans les lois germaniques et Scandinaves, au fond de ces temps barbares d'où sortira l'humanité moderne, le rachat du meurtre, la composition pécuniaire, le *wergeld*, mettra fin aux vengeances privées et rétablira la paix parmi les hommes.

La paix, ce terme qui revient si souvent dans les vieilles législations barbares, marque nettement la principale préoccupation des sociétés primitives, le besoin de réprimer les vindictes particulières. Il y a toute sorte de paix, la paix du tribunal, la paix de l'armée, la paix du domicile, la paix des saisons, c'est-à-dire des temps consacrés à l'agriculture, la paix des lieux saints, c'est-à-dire des sanctuaires païens d'abord et ensuite des églises chrétiennes, enfin, et par-dessus tout, la grande paix du roi qui finit par absorber toutes ces trêves particulières. Eh bien l le *wergeld*, espèce de paix individuelle, composition pécuniaire d'homme à homme, promesse de concorde ou tout au moins d'oubli entre celui qui a reçu l'offense et celui qui l'a faite, — le *wergeld* est l'ébauche des institutions qui ont préparé l'établissement des lois civiles. La forme en est grossière autant que bizarre, elle prête aux interprétations les plus fausses, elle peut faire croire à l'historien superficiel que l'homme des premiers temps n'avait pas la moindre notion d'une loi supérieure, et que l'intérêt brutal lui tenait lieu de justice. Le savant tableau tracé par M. Albert Du Boys est la réfutation de ces erreurs, réfutation d'autant plus forte que l'auteur ne se préoccupe pas des écoles positivistes ; il n'écrit pas une thèse, il ne défend pas une cause, il rassemble impartialement les faits sans autre souci que de les expliquer par les transformations incessantes des sociétés humaines et de montrer en dernière analyse, malgré les faux pas ou les retours en arrière, le développement progressif des législations.

Il nous serait impossible de suivre M. Albert Du Boys dans tous les détails de cette histoire, indiquons au moins quelques-uns des résultats les plus curieux de son enquête. Un de ces résultats, c'est que parmi les lois ou procédures pénales les plus justement condamnées aujourd'hui, parmi celles-là même dont nous ne prononçons le nom qu'avec horreur, la plupart ont marqué un progrès à l'époque où elles furent établies. Elles ne sont devenues odieuses que pour avoir été détournées de leur application primitive et employées à un usage auquel le législateur ne les destinait pas. Que de fois une loi pénale, une règle de procédure criminelle, excellente par l'intention, mais conçue avec imprévoyance ou rédigée d'une main maladroite, a fourni des armes contre la cause qu'elle devait servir ! Que de fois une réforme judiciaire née d'une inspiration libérale s'est tournée en instrument de tyrannie ! De même que la période du *wergeld*, malgré l'apparente grossièreté de ce système, a été un progrès sur la période de la mise hors la loi, de même dans les siècles qui ont suivi ces premiers temps du moyen âge, il n'est pas de coutume, pas de méthode, pas d'institution qui n'ait été, à l'origine et dans la pensée des fondateurs, la réforme plus ou moins habile des abus constatés, un élan plus ou moins efficace vers une justice meilleure. Les premières législations barbares qui autorisaient encore les guerres privées, et permettaient à l'offensé de se faire justice à lui-même, ne s'occupaient de l'homme qu'à l'état individuel sans songera l'intérêt de la communauté ; la législation féodale a été un progrès manifeste, puisqu'elle a commencé à rassembler les intérêts, à grouper les hommes, à faire des seigneurs et des vassaux une même famille où chacun, à des degrés divers, avait ses droits et ses devoirs. Tel est le principe et l'idéal de cette législation à l'heure où elle paraît. Cependant la législation féodale ne tarde guère à laisser éclater tous les vices dont elle renfermait le germe ; elle devient inique, oppressive, odieuse, elle le serait bien plus encore, si l'église n'intervenait en faveur des faibles. Le droit canonique, nouveau progrès, va tenir en échec le droit seigneurial. Rien n'est plus beau assurément que cette première inspiration de la justice ecclésiastique, l'esprit soumettant la force, l'amour désarmant la violence ; prenez garde pourtant : la justice ecclésiastique, elle aussi, aura ses mauvais jours, elle succombera aux tentations coupables, elle sera ambitieuse, cupide, despotique ; oubliant les préceptes de son divin maître, elle convoitera des pouvoirs que l'Évangile lui refuse. Alors il y aura un roi, un saint, pour la rappeler à l'ordre.

C'est une grande page dans l'histoire du droit que la scène de saint Louis et de l'évêque Guy d'Auxerre, si bien racontée par Joinville. On sait quelle arme était l'excommunication au moyen âge. La terrible sentence, qu'elle fût prononcée par le pape ou par l'évêque, pouvait entraîner les conséquences les plus graves dans l'ordre temporel. Ceux qu'elle atteignait, dit très bien M. Albert Du Boys, étaient comme frappés de mort civile. Ils ne pouvaient plus être ni témoins ni juges ; au bout d'un an et un jour, leurs biens étaient mis sous le séquestre, et ce séquestre durait jusqu'à ce qu'ils fussent réconciliés avec l'église. Que de périls dans cette application séculière d'une loi toute religieuse ! Que de tentations offertes soit aux cupidités mondaines, soit aux passions fanatiques ! On a employé d'abord cette pénalité pour réprimer les violents, on prétend bientôt s'en servir pour dominer la terre. On donne des ordres aux sergents du roi, on veut que les sergents du roi deviennent les exécuteurs de la sentence épiscopale ; si l'excommunication, avec toutes les conséquences qu'elle entraîne, n'est pas menée à bout par les sergents du roi, on dit que le roi perd la chrétienté.

Tel est le reproche qui fut adressé à saint Louis. Saint Louis perdait la chrétienté ! L'évêque Guy d'Auxerre le lui notifia un jour au nom de tous les prélats du royaume : « Sire, ces archevêques et évêques qui sont ici m'ont chargé de vous dire que la chrétienté déchoit et fond entre vos mains, et décherra encore plus, si vous n'y mettez ordre, parce que nul aujourd'hui ne craint les excommunications. Ainsi nous requérons, sire, que vous commandiez à vos baillis et à vos sergents qu'ils contraignent les excommuniés d'un an et un jour à faire satisfaction à l'église. » Le roi ayant demandé que la sentence lui fût d'abord communiquée, afin qu'il pût savoir « si elle était droiturière ou non, » les évêques, après s'être consultés, répondirent qu'ils ne communiqueraient pas la sentence en ce qui afférait à la religion. « Moi donc, reprit le roi, je ne donnerai pas ordre à mes sergents et baillis de poursuivre ceux que vous excommuniez, car, si je le faisais, je ferais contre Dieu et contre droit. » M. Albert Du Boys, qui signale avec raison cette mémorable scène, y voit le premier exemple d'une distinction entre le pouvoir spirituel et le pouvoir temporel. La merveille en cette affaire, c'est qu'un tel progrès ait été introduit par saint Louis. Et comment saint Louis a-t-il osé franchir ce pas devant lequel tant d'autres eussent reculé ? Est-ce une théorie préconçue qui l'inspira ? Non ; ce fut, dit M. Du Boys, ce sens pratique des affaires qu'il possédait à un degré si haut, cette vue si claire du juste et de l'injuste « qui semblait être pour lui comme un reflet de la sagesse divine. »

Ainsi, de la justice barbare à la justice féodale, de la justice féodale à la justice ecclésiastique, de la justice ecclésiastique à la justice royale, il y a un progrès qui ne s'arrête pas, et des choses même que réprouve aujourd'hui un sentiment unanime ont pu être à leur date un bienfait public. C'est désormais une vérité banale que pour être équitable envers le passé il faut, par la science et l'imagination, s'efforcer de vivre de sa vie. L'étude des détails est pleine de révélations. Par exemple, quel usage plus barbare que celui du duel judiciaire ? On sait gré à saint Louis, à Philippe le Bel, d'avoir porté les premiers coups à cette institution, de l'avoir réglée, c'est-à-dire restreinte, et par là d'avoir préparé les esprits à l'abolition complète d'une procédure inique. Eh bien ! chose curieuse, le duel judiciaire lui-même, à la date où il s'introduit dans les mœurs, avait été une sorte de progrès. Avant qu'on eût recours à ce jugement de Dieu, la grande preuve en justice était le serment. Or voici ce qu'on trouve dans le préambule d'une constitution donnée à l'Italie, sur la demande des seigneurs, par l'empereur d'Allemagne Othon Ier : « Il s'est introduit depuis longtemps une détestable coutume ; si la charte de quelque héritage est arguée de faux, celui qui la présente fait serment sur les Évangiles qu'elle est vraie, et sans jugement il se rend propriétaire de l'héritage. Ainsi les parjures sont assurés d'acquérir. » Ces paroles se rapportent à la fin du Xe siècle. A partir de cette date, le duel judiciaire vient corriger dans une certaine mesure les iniquités de la preuve par serment. Il est facile de se parjurer, il n'est pas aussi facile d'affronter une épée loyale, quand on se sait coupable d'un mensonge et que la conscience fait trembler la main. Oui, sans doute, mais la conscience peut s'endurcir, la main peut s'affermir, le faussaire peut emporter de haute lutte par le glaive ou la lance ce qu'il dérobait jadis par Je parjure. Othon Ier, au Xe siècle, n'avait pas eu tort de laisser le duel judiciaire se substituer à la preuve par serment ; trois siècles plus tard, saint Louis eut bien autrement raison de le restreindre à des cas très particuliers, et de chercher avec ses jurisconsultes, Beaumanoir et Fontaines, un système de preuves qui laissât moins de place à l'injustice.

Ce système de preuves exposé par Beaumanoir, le sage et austère jurisconsulte du temps de saint Louis, est la première ébauche de ce qu'on a nommé plus tard les preuves légales. La loi se chargeait de juger à la place du juge. Elle déterminait des cas, des circonstances, qui devaient nécessairement avoir force de preuve, force souveraine et obligatoire, si bien que le juge ne pouvait s'y soustraire, quels que fussent d'ailleurs les incidents de la cause. Veut-on un exemple de ces jugements imposés au juge par la loi ? Beaumanoir cite un certain nombre de *présomptions graves* qui doivent forcément être considérées comme *preuves*, or, parmi ces présomptions graves, il y en a une qui est résumée de la manière suivante : « Si quelqu'un menace son ennemi d'un malheur et que ce malheur s'accomplisse, l'auteur de la menace est nécessairement l'auteur du fait. » Certes, voilà une jurisprudence d'une naïveté atroce ; à combien d'accusés a-t-elle coûté la vie ? Beaumanoir signale à ce propos une odieuse histoire, et il ne la donne pas comme un avertissement qui doit mettre le juge en garde contre l'erreur, il la donne au contraire comme un exemple qui fera mieux comprendre l'application de la règle. Une femme de La Villeneuve-en-Gès, qui est ou se croit lésée par son voisin, lui crie avec emportement en présence de plusieurs témoins : « Ah ! vous me prenez ma terre, vous mettez dans votre grange le blé qui a poussé chez moi ; vous n'en jouirez pas longtemps, je vous enverrai les rouges charpentiers. » Six mois après, le feu est mis à cette grange. On arrête la femme, on l'interroge et sur le fait de l'incendie et sur les menaces qu'elle a proférées. Elle nie tout, mais les témoins sont là qui ont entendu les menaces ; la malheureuse est condamnée au feu ; « ele fut jugié. à ardoir e fut arse. » Par un tel jugement, ajoute Beaumanoir, on peut comprendre combien il y a péril à faire des menaces. L'historien jurisconsulte du XIXe siècle trouve cette moralité du vieux légiste tout à fait incontestable ; ce qui l'est beaucoup moins à son avis, c'est la nécessité d'un lien entre les présomptions qui existaient dans la cause et la culpabilité de l'accusée. Il conclut donc en ces termes : « Un accusé maladroit qui croit devoir tout nier pour ne pas se compromettre, et qui se compromet par là même bien plus encore, ne doit pas être victime de sa sottise. » Rien de plus juste, c'est le bon sens qui dit cela ; je crois pourtant que cette conclusion n'a aucun rapport avec le récit qui précède. M. Du Boys semble croire que la malheureuse eût échappé au supplice, si, niant le fait de l'incendie, elle eût avoué le fait des menaces. C'est contredire tout ce qu'il vient d'exposer lui-même. Par cela seul que l'incendie avait suivi les menaces, l'accusée, d'après la jurisprudence du XIIIe siècle, était nécessairement responsable du crime. C'est précisément par ce motif qu'elle s'obstinait à nier ses paroles ; les avouer,

c'était se perdre. Devant un tribunal de nos jours, l'accusée se serait défendue en expliquant ce propos incendiaire par un emportement de fureur ; il y a loin d'un cri de colère à un crime, surtout
quand six mois les séparent. Devant la justice dont Beaumanoir a
tracé les règles, l'accusée n'avait pas cette ressource ; innocente ou
coupable, elle était forcée de mentir pour se sauver.

Dans les petites choses comme dans les grandes, on voit combien chaque progrès du droit pénal est laborieusement acheté. Le
système des preuves légales qui, en se modifiant il est vrai, durera
jusqu'au XVIIIe siècle a été une réforme utile, même à l'époque
où il produisait les conséquences barbares qu'on vient de lire : il
substituait en bien des cas les prescriptions inflexibles de la loi à la
passion ou au caprice des juges. L'exemple le plus extraordinaire de
ces vicissitudes en matière de droit et de procédure pénale, c'est celui de l'inquisition. Le système propre à l'inquisition a commencé
à être appliqué dans la première période du XIIIe siècle à l'occasion
de la guerre des albigeois. Or l'inquisition, avant cette date, était
surtout une procédure, et même, chose difficile à croire, bien que
parfaitement authentique, une procédure libérale. Dans un temps
où le faible était si peu protégé contre le fort, il était presque impossible que l'homme de condition humble, bourgeois ou manant,
osât, je ne dis pas accuser de son chef un criminel de haute lignée,
mais seulement faire acte de témoin contre lui. Eh bien ! en oppo-
sition à la *procédure accusatoire* du droit féodal, le droit canonique
avait institué la *procédure secrète*. Le juge féodal voulait qu'on vînt
à lui tête haute, visière levée, et que l'accusateur fût prêt à soutenir
son affirmation en champ-clos ; accusation publique, duel judiciaire, ce sont choses qui vont ensemble dans la société du moyen
âge. C'était fier, mais quels privilèges pour les violents ! Quelles
assurances d'impunité pour la tyrannie ! L'honneur du droit ecclésiastique est d'avoir songé à la défense des faibles ; voilà comment il
a établi la procédure secrète, l'examen des faits criminels, sans que
les plaignants se montrent, sans que les témoins se nomment, la
recherche opérée librement, à loisir, dans l'ombre, l'*enqueste*, l'inquisition. Tel est le point de départ. La procédure inquisitoriale
était si bien un progrès sur la procédure accusatoire, elle était si
bien regardée à l'origine comme une garantie de justice que des
maîtres de l'école de Bologne, jaloux de cette innovation hardie, en

ont réclamé la gloire pour le droit romain. Roffredus de Bénévent, qui enseigna le droit à Bologne, puis à Arezzo, dans la première moitié du XIIe siècle, a écrit à ce propos de curieuses paroles. « Sachez, dit-il, que la procédure inquisitoriale est usitée pour les crimes dans le droit civil aussi bien que dans le droit canonique. » Et il énumère les cas où cette procédure est employée, il s'attache à prouver qu'elle n'appartient pas en propre au droit ecclésiastique, qu'il faut en chercher le principe dans le droit romain, qu'elle est inscrite dans tels et tels passages du *Digeste*. il cite ces passages, les commente, puis ajoute avec fierté : « Par ces exemples et d'autres encore que l'écolier studieux saura bien découvrir, je prouverai jusqu'à l'évidence que l'inquisition est tirée du droit civil. Les professeurs de droit canonique nous font injure sans motif quand ils prétendent que l'inquisition est une invention de leur droit. » L'inquisition avait donc été à ses débuts une conquête de l'esprit de réforme ; on sait trop ce qu'elle est devenue en Espagne aux plus sombres jours de l'ancien régime.

C'est une chose intéressante de voir comme les discussions philosophiques de ces derniers temps à propos du droit pénal se retrouvent sous forme concrète dans les expériences laborieuses du genre humain. Il est bien reconnu aujourd'hui que l'idée d'expiation ne doit pas entrer pour la moindre part dans l'idée du droit de punir. C'est pour avoir ignoré ce principe que les anciennes législations ont établi des pénalités dont le souvenir nous révolte. « La punition, dit excellemment M. le duc de Broglie,[1] n'est point chargée de régler le compte de l'homme avec la loi morale, ni d'égaler les souffrances à la perversité des actes. Qu'elle prévienne les plus importants des actes pervers, qu'elle les prévienne au degré suffisant pour le maintien de la paix, pour l'essor du perfectionnement individuel et social, voilà son œuvre. » De toutes les pénalités atroces fondées sur la doctrine de l'expiation, la plus atroce est la torture. Est-ce seulement à un fonds tenace de barbarie qu'il faut attribuer la persistance de ces pénalités effroyables pendant un si grand nombre de siècles ? Peut-être une philosophie attentive découvrirait-elle dans ce fait une nouvelle preuve de ce droit de punir que les sociétés humaines ont toujours reconnu. L'humanité

---

1 Voyez dans les *Discours et récits* de M. de Broglie le beau travail intitulé *Du Droit de punir.*

se trompait sur la nature et les limites de son droit, ce droit même lui paraissait incontestable. On ne s'expliquerait pas autrement que de telles horreurs aient pu se transmettre d'âge en âge et survivre à tant de révolutions. Quoi qu'il en soit, le principe de la torture se retrouve à presque toutes les pages de l'histoire du monde. L'antiquité en a gardé la marque ; les vieilles théocraties l'ont transmis aux états les mieux ordonnés. En Égypte, en Asie, en Grèce, il est partout. Ne va-t-il pas disparaître enfin devant les grands jurisconsultes de Rome ? Non, la *raison* écrite n'a point rejeté ce legs épouvantable ; il y a un chapitre du *Digeste*intitulé *De quœstionibus et tormentis*. Le droit romain à son tour, avec l'autorité de son génie, impose au moyen âge l'horrible tradition. Du moyen âge, elle passe au monde moderne ; si quelques états la repoussent, les autres, c'est le plus grand nombre, s'en arrangent parfaitement comme d'un droit naturel, et, faute de ce moyen de défense, se croiraient en péril ! Ah ! quelle longue traînée de sang ! que de cris ! quelle géhenne ! Il n'y a pas encore cent ans que, dans notre généreuse France, la torture a été abolie par Louis XVI.

Ici se présente un fait considérable que M. Albert Du Boys, avec ses ressources de savoir, aurait dû mettre plus vigoureusement en lumière. Ame chrétienne, esprit philosophique, il était digne de traiter ce sujet dans toute son ampleur et d'y attacher son nom. Savez-vous à quelles époques de l'histoire on voit s'interrompre la tradition dont nous venons de parler ? D'abord aux premiers temps du moyen âge, ensuite au XVIIIe siècle. Voilà des périodes qui ne se ressemblent guère, et pourtant, sur ce point spécial qui nous occupe, on ne saurait méconnaître l'affinité qui les rapproche. C'est qu'à travers les barbaries du haut moyen âge il y avait un profond sentiment de mansuétude chrétienne, et que sous les légèretés impies du XVIIIe siècle il y avait l'inspiration très profonde aussi d'un christianisme inconscient. Par son ardent amour de l'humanité, le XVIIIe siècle a fait souvent des œuvres chrétiennes ; il les a faites sans le vouloir, sans le savoir, qu'importe ? Ce spectacle n'en est que plus instructif pour qui cherche avec impartialité la philosophie de l'histoire moderne. Que de fois, interrogeant sans parti-pris cette grande crise du genre humain, nous sommes frappés de voir que les innovations les plus hardies, les réclamations les plus généreuses avaient leur principe dans l'Évangile ! Ces novateurs, qui se moquaient du christianisme, ne faisaient qu'en appliquer les doctrines, non pas certes au point de vue de la conscience individuelle, mais au point de vue de la vérité sociale. Dans toutes leurs erreurs, on retrouve l'ignorance et le mépris de la religion du Christ ; dans tout ce qu'ils ont fait de bien, on s'aperçoit qu'ils lui obéissent à leur insu. Ils protègent le faible, ils prennent parti pour l'opprimé ; comment donc s'étonner que sur ce point, et malgré tant de différences, le XVIIIe siècle puisse rencontrer les premiers âges chrétiens ? En fait, il est certain que la torture, usitée dans le monde antique et consacrée par le *Digeste*, a été longtemps repoussée par la justice du moyen âge. La première mention qui en est faite chez nous se trouve dans une ordonnance royale de 1254 ; le roi y défend qu'on applique la question à des personnes honnêtes et de bonne renommée, pauvres ou riches, n'importe, surtout si l'accusation n'est appuyée que sur la déposition d'un seul témoin à charge. Cette ordonnance, il est vrai, prouve que la torture n'avait pas disparu des procédures judiciaires, puisque l'autorité royale était obligée d'intervenir afin d'en restreindre l'emploi ; mais à qui s'adressait l'interdiction de 1254 ? A la France du midi ou plutôt à quelques villes du Languedoc restées fidèles aux traditions du droit romain. Dans le nord, à cette date, la torture est inconnue ; on n'en trouve la trace ni dans les *établissements de saint Louis*, ni dans la *coutume de Beauvoisis*. Cent ans après, l'usage de la torture est redevenu général ; l'autorité du droit romain, dont les principaux textes viennent d'être remis en lumière par l'école de Bologne, l'emporte sur l'influence de l'Évangile. Pendant quatre cents ans, la torture sera un système de procédure parfaitement reconnu ; il aura son code, ses règles, sa casuistique, et les jurisconsultes les plus savants discuteront ces détails avec une entière sérénité d'esprit. C'est le XVIIIe siècle qui aura l'honneur de reprendre la tradition chrétienne du moyen âge.

Parmi les casuistes de la torture, il faut citer surtout les grands criminalistes du XVe et du XVIe siècle, les uns approuvant le système sans nulle réserve, les autres essayant de l'adoucir, mais tous également favorables au principe même. En Italie, Ange de Gambiglioni, Augustin de Rimini, Hippolyte de Marsigli, Giulio Glaro, Farinace, ont protesté plus d'une fois contre la cruauté des juges qui abusaient de la torture ; tous pourtant en ont reconnu et justifié l'usage. En Hollande, Dambouder professe les mêmes doctrines. En Allemagne, Carpzow, auteur d'un grand traité de droit criminel qui excita l'admiration générale, signale comme un progrès l'ingénieuse invention de tourments tout nouveaux. La méchanceté des hommes croissant toujours, il fallait, dit-il, que la répression fût mieux armée.[1] Nous pouvons être fiers de notre part dans cette délibération séculaire ; à travers les tâtonnements et les reculades, c'est chez nous, c'est en France, que les premières protestations ont retenti non pas contre l'abus de cette procédure inhumaine, mais contre l'idée même d'y avoir jamais recours. M. Du Boys signale ici quelques lignes de l'un des Etienne, Robert III, qui, traduisant la *Rhétorique* d'Aristote et rencontrant au chapitre xv du livre Ier les pages sur la torture, prend tout à coup la parole pour insérer dans son texte même des objections bien plus fortes que celles du Stagirite. Il y a là une erreur qui a déjà été relevée ; le seul mérite de Robert Etienne est d'avoir rétabli un passage supprimé dans l'édition des Aides. Les objections qu'on lui attribue sont d'Aristote lui-même.[2] Cette rectification, que nous devons faire en passant, n'enlève rien à la beauté du noble concert qui ne s'interrompt pas durant une période de deux cents années. C'est Montaigne jetant ce cri énergique ; « Combien ai-je vu de condamnations plus criminelles que crimes ! » C'est Dumoulin, c'est Laroche-Flavin, c'est Pierre Ayrault, lieutenant-criminel au siège présidial d'Angers, qui appellent la réforme du droit pénal. Ce dernier, qui écrit du temps des Valois, ne parle-t-il pas déjà comme un contemporain de Voltaire quand il proteste contre la question et les procédures secrètes ? Sous Louis XIV, un magistrat franc-comtois, Augustin Nicolas, compose une. dissertation dont voici le titre : *Si la torture est un moyen sûr à vérifier les crimes secrets*, il la dédie au roi lui-même, l'adjurant « d'extirper dans son royaume, par son pouvoir absolu, et d'inviter par son exemple les autres princes chrétiens à corriger dans leurs états tant d'injustes moyens de venir à la

---

1 « Sœculo enim hoc nostro, crescente lite et malitia, nova creverunt tormentorum genera, in. quibus excogitandis ingeniosi volunt audire, uti sunt laminæ, compedes, nervi, catonæ, carceres, minellæ, pedicæ, aqua frigida, taxilli, cuneus, sibillæ, vigiliæ, Dœnischer Mantel, Spanische Kappen, Englische Jungfrau, Braunschweigische Stiefeln, *et centum alia inter quæ poletrum quo carnes scinduntur.* »

2 C'est M. Norbert Bonafous, doyen de la Faculté des lettres d'Aix, qui a élucidé ce point avec beaucoup de précision dans son excellente traduction de la *Rhétorique*d'Aristote, 1 vol, Paris. 1856. Voyez p. 415, notes du livre premier.

connaissance et au châtiment des crimes. » Il est vrai que la dédicace d'Augustin Nicolas ne parvint pas directement à son adresse ; l'auteur n'obtint pas la permission de publier son livre en France, il fut obligé de recourir aux presses d'Amsterdam. Cela se passait en 1682 ; six ans après, La Bruyère écrira ces mots : « la question est une invention merveilleuse et, tout à fait sûre pour perdre un innocent qui a la complexion faible, et sauver un coupable qui est né robuste. » Commentant lui-même cette terrible ironie par un trait plus mordant encore, il ajoutera : « Je dirai presque de moi : je ne serai pas voleur ou meurtrier ; je ne serai pas un jour puni comme tel, c'est parler bien hardiment. » On sent déjà les approches du XVIIIe siècle.

Comment parler du XVIIIe siècle sur ce point sans penser aux grands-jours ? On sait ce qu'étaient les grands-jours dans l'ancienne monarchie : une magistrature extraordinaire qui allait siéger dans telle ou telle province selon les circonstances, cassant les arrêts iniques et rétablissant le droit commun. Il y eut des grands-jours dès le XIVe siècle ; les derniers eurent lieu au XVIIe. Ceux qui furent tenus à Clermont en 1665 ont été rendus célèbres par ces spirituels mémoires de Fléchier retrouvés il y a trente ans, et dont la publication a été un véritable événement littéraire. Or les grands-jours de Clermont avaient réparé tant d'injustices, réprimé tant de tyrannies locales, que Louis XIV fit graver une médaille avec ces mots : *sains provinciarum, repressa potentiorum auctoritas*. C'est à l'histoire elle-même de frapper une médaille pour les réformateurs du XVIIIe siècle et d'y graver cette légende : salut du droit commun, répression de l'injustice et de la tyrannie des parlements. On y lirait les noms de Montesquieu, de Beccaria, de Servan, d'Élie de Beaumont, surtout le nom de Voltaire. L'homme qui réhabilitait Calas, qui sauvait la famille Sirven, qui flétrissait les juges du chevalier La Barre, qui vengeait l'honneur de la France auprès de l'Europe en adressant au marquis de Beccaria sa *Relation du procès d'Abbeville*, qui prenait en main la cause du comte Lally-Tollendal, qui jugeait son procès, sa condamnation, sa mort, qui aidait le fils de la victime, le jeune comte Lally, à obtenir la cassation de l'arrêt inique, et qui, informé du succès sur son lit de mort, se ranimait tout à coup pour dicter ce billet : « Le mourant ressuscite en apprenant cette grande nouvelle, il embrasse tendrement M. de Lally,

il voit que le roi est le défenseur de la justice, il mourra content, »
— certes un tel homme a droit à la reconnaissance non-seulement
des âmes libérales, mais des âmes chrétiennes, puisqu'il a réalisé
parmi nous quelque chose de la divine parabole du Samaritain,
Et ce n'est pas en lui un élan de charité qui demain peut-être ne
se renouvellera pas, l'épreuve a duré seize ans pour Voltaire. C'est
en 1762 que l'horreur du meurtre juridique de Galas transforme
le vieillard en tribun ; de cette date à sa mort, de 1762 à 1778, il
poursuit cette œuvre de justicier, il est le défenseur des opprimés,
il est le réformateur du droit criminel, il préside les grands-jours
du XVIIIe siècle. *Repressa potentiorum auctoritas.*

L'amour de l'humanité, la haine de l'oppression, voilà les deux
sentiments qui, à défaut de croyances plus hautes, inspiraient les
réformateurs du XVIIIe siècle. Au fond, ce qui révoltait le plus
leur instinct, c'était la doctrine de l'expiation implicitement conte-
nue dans le système des pénalités sauvages. M. le duc de Broglie
l'a dit excellemment : il n'appartient pas à la loi pénale de régler
tous les comptes de l'homme ; prétendre égaler les souffrances du
corps à la perversité des intentions, c'est usurper sur le juge in-
faillible et commettre une sorte de sacrilège. De là les condamnations, comme dit Montaigne, *plus criminelles que le crime lui-
même.* Cette idée, dernier reste des vieilles théocraties renversées
par l'Évangile, a été définitivement éliminée par le XVIIIe siècle.
Au contraire il y a une autre idée qui se dégage peu à peu des expériences du genre humain dans cette longue histoire du droit de
punir, c'est l'idée de corriger le coupable, de relever l'être déchu.
La révolution en ses meilleurs jours eut l'honneur de consacrer
ce principe. On le voit apparaître pour la première fois dans les
discussions de l'assemblée constituante. Le rapporteur de la loi pénale du mois de juillet 1791, Le Pelletier Saint-Fargeau, n'est que
l'interprète des sentiments unanimes de son temps lorsqu'il écrit
ces mots : « Il faut que les peines soient humaines et justement
graduées, dans un rapport exact avec la nature du délit, égales pour
tous les citoyens, exemptes de tout arbitraire judiciaire, qu'elles ne
puissent être dénaturées après le jugement dans le mode de leur
exécution, qu'elles soient répressives principalement par des gênes
et des privations prolongées, par leur publicité, par leur proximité
du lieu où le crime a été commis, *qu'elles corrigera les affections*

morales du condamné... »

Il faut remarquer ici un nouvel exemple de ce fait déjà signalé plus haut, à savoir que le progrès même le plus légitime ne s'accomplit guère sans payer tribut à l'erreur. La législation pénale de 1791 fait certes le plus grand honneur à l'assemblée constituante, elle a établi des règles qui sont à jamais consacrées ; eh bien ! la préoccupation si ardente de l'égalité devant la loi a été cause qu'une des prérogatives les plus libérales de la couronne, le droit de grâce, fut supprimée. Le législateur de 1791, si la passion ne lui avait pas ôté sur ce point la claire vue des choses, aurait compris que, la loi s'imposant toujours au magistrat malgré l'infinie variété des circonstances, il est bon de constituer un pouvoir suprême, désintéressé, ayant le droit de tempérer la peine suivant les cas. L'inflexibilité de la peine légale, en bien des occasions, ne peut-elle pas devenir une chose barbare ? Le législateur aurait compris en même temps que le droit de grâce est un des moyens les plus efficaces pour *corriger les affections morales du condamné* ; supprimer le droit de grâce, n'est-ce pas enlever aux criminels la perspective de la plus grande récompense promise au repentir ? Ainsi l'assemblée constituante méconnaissait elle-même le principe qu'elle venait de proclamer. Au fond du bagne, au fond de l'abîme, pénétrait encore un rayon qui pouvait aider le misérable à se relever ; la loi de 91 éteignit cette lueur bienfaisante.

Après avoir rappelé une partie de ces faits, M. Albert Du Boys ajoute très noblement : « On peut dire en un certain sens que l'infortuné Louis XVI, privé du droit de grâce, le ressaisit sur l'échafaud. Le pardon qu'il accorda à ses bourreaux fut le dernier et le plus sublime exercice de ce vieux privilège de la royauté. » Est-il nécessaire de rappeler que le XIXe siècle a réparé sur ce point les erreurs et les contradictions du XVIIIe ? Quel que soit le nom du dépositaire de la souveraineté, roi, empereur, président, le droit de grâce, inséparable du droit de punir, est redevenu la prérogative du souverain.

Droit de punir, droit de grâce, amendement du coupable, autant de choses qui se lient et s'enchaînent. Aujourd'hui aucun homme public n'oserait traiter une question de justice pénale sans se préoccuper en même temps des intérêts moraux du condamné. Lisez par exemple le remarquable rapport que M. le vicomte d'Haussonville vient de présenter à l'assemblée nationale au nom de la commission d'enquête sur le régime des établissements pénitentiaires. L'inspiration dominante de ce travail, c'est le perpétuel souci de l'amendement du criminel. L'auteur l'indique dès la première page, et l'on devine avec quelle joie il constate cette supériorité de notre siècle sur les âges précédents. « Cette noble préoccupation, dit-il, devait renaître au sein de l'assemblée nationale, car, par une coïncidence digne de remarque, l'étude des questions pénitentiaires a toujours marché de front avec le mouvement des idées généreuses et libérales dans notre pays. On peut dire qu'elles ont en même temps rencontré la même faveur ou subi la même éclipse. Sous l'ancien régime, les prisons ne sont considérées que comme des lieux de répression, et, sauf quelques esprits un peu adonnés aux chimères comme Mabillon, nul ne songe à s'inquiéter de l'amendement moral de ceux qu'elles renferment. La révolution de 89 approche, et déjà l'opinion publique commence à s'émouvoir. Un étranger, John Howard, visite nos prisons et pousse à leur aspect un cri éloquent qui retentit dans la conscience publique ; mais les terribles événements des années suivantes détournent les esprits de cette préoccupation naissante, et lorsque la sécurité est rétablie, lorsque les portes des prisons se sont ouvertes devant les innocentes victimes qui y avaient été renfermées, le bruit des armes empêche d'entendre les plaintes légitimes de ceux qui continuent à y expier leurs crimes. La pensée pénitentiaire qui cherche à allier la moralisation à la répression ne tient qu'une faible place dans le code pénal de 1810, dont les auteurs n'aperçoivent pas nettement cette vérité si bien mise depuis lors en lumière et en pratique par le grand jurisconsulte américain Livingston, à savoir que toute législation qui édicté des peines est incomplète et presque impuissante, si elle ne statue en même temps, par des dispositions spéciales et détaillées, sur le mode d'exécution de ces peines. »

Le consciencieux rapporteur de la commission d'enquête signale ensuite la reprise du mouvement libéral sous la restauration et rappelle les grands débats qui préparèrent alors la réforme pénitentiaire. On remonte jusqu'à l'origine du droit de punir, on renferme dans des limites certaines l'exercice de ce droit, et on détermine les conditions morales auxquelles le châtiment doit satisfaire. Arrive 1830, et la cause de la réforme, déjà gagnée en théorie, est sur le point de triompher dans les faits. Les rapports de MM. de Beaumont et de Tocqueville à la chambre des députés, de M. Bérenger à la chambre des pairs, vont assurer le succès d'un projet de loi conçu dans cet esprit d'amendement moral réclamé par la civilisation chrétienne, quand éclate la révolution de 1848. Tout est remis en question ; obligée de défendre son principe même et de vivre au jour le jour, la société n'a plus le loisir nécessaire à de telles études. On ne les reprit que vingt années plus tard. « C'est à l'administration, dit M. le vicomte d'Haussonville, que revient l'honneur d'avoir, au mois d'octobre 1869, provoqué un réveil de l'opinion en instituant une commission composée des hommes les plus compétents et qui devait avoir pour objet l'étude des questions de patronage. » Cette commission, il la montre « poussée par le mouvement des esprits qui signala les premiers mois de l'année 1870, » agrandissant le cercle de ses travaux, se préparant à les couronner par des résultats plus complets, quand les désastres de la guerre et les convulsions politiques qui en furent la suite ajournèrent encore une si généreuse entreprise. « Ainsi, ajoute l'auteur, la brutalité des événements venait pour la deuxième fois entraver l'œuvre de la réforme pénitentiaire, et démontrer cette vérité qu'autant la liberté est favorable aux nobles préoccupations de l'esprit humain, autant les révolutions leur sont contraires. »

Nous n'avons pas à entrer dans les détails du beau rapport de M. le vicomte d'Haussonville. C'est tout un livre où les questions les plus graves comme les plus délicates sont traitées avec une attention, une prudence, une charité, qui ne se démentent pas un instant. Est-ce au ministère de l'intérieur ou au ministère de la justice que doit ressortir l'administration des prisons ? Est-ce au département ou à l'état que doivent appartenir les maisons de détention ? Quel est le meilleur régime d'éducation correctionnelle ? Quels sont les avantages ou les défauts de notre organisation pénitentiaire comparée à celle des pays étrangers ? Comment remédier à nos misères ? Comment préserver du découragement les agents même les plus dévoués ? Comment se mettre en mesure de combattre chaque jour le mal qui chaque jour renaît ? Ces problèmes et bien d'autres encore fournissent à M. le vicomte d'Haussonville des études empreintes des plus nobles sentiments de justice et d'humanité. Après tant de criminalistes qui ont agité les mêmes questions, il a su les rendre neuves grâce aux documents qu'il a rassemblés de toutes parts. Ce sujet pourtant ne nous appartient pas, nous le laissons à de plus compétents dont les éloges auront plus de prix pour l'auteur. Bornons-nous à la partie philosophique du travail ; ce qui nous intéresse dans ces belles études, c'est l'inspiration même qui les anime, c'est-à-dire la poursuite constante de l'amendement moral du condamné, complément indispensable et justification du droit de punir.

Cette préoccupation est manifeste à toutes les pages du rapport de M. d'Haussonville. Les novateurs les plus humains du XVIIIe siècle seraient bien surpris de voir combien ils avaient encore de progrès à faire et d'étapes à parcourir, eux qui se croyaient si hardis dans leurs réclamations. C'est ici qu'apparaît la supériorité de notre siècle. Voltaire est admirable quand il flétrit les procédures iniques et réclame avec la publicité des débats la liberté de la défense ; mais, s'il s'agit d'un coupable justement frappé, s'occupe-t-il de son sort ? le suit-il dans sa prison ? a-t-il l'idée d'une amélioration possible ? soupçonne-t-il que le malheureux peut sortir de cette fange et renaître à la lumière ? Pas le moins du monde. Il sait que le pauvre diable brûlé, rompu, pendu, ne sera plus d'aucun usage pour la communauté sociale, et, insistant sur ce point plus drôlement qu'on ne voudrait, il propose d'utiliser ces forces perdues. Mandrin était brave, héroïquement brave ; il fallait lui donner un régiment et l'envoyer au Canada se battre contre les Anglais. Ce faussaire excelle dans le maniement du burin, que ne lui trouve-t-on un emploi dans le service de la monnaie ? ON conçoit qu'il y aurait là une étrange manière de poser sa candidature aux fonctions publiques ; ce beau système aurait pour principal effet l'encouragement au crime. Ce serait précisément le contraire de l'amendement moral. Comparez à ces étourderies philanthropiques du XVIIIe siècle la préoccupation chrétienne du XIXe. Un des meilleurs passages du rapport de M. d'Haussonville est celui où il peint les difficultés de l'aumônier dans ses rapports avec le peuple des prisons. Voilà un spectacle que les âges précédents n'ont pas connu : au milieu des plus misérables créatures, le prêtre dévoué, compatissant, le représentant de celui qui rachète et qui relève ! Nous ne parlons pas du prêtre qui aide le condamné à bien mourir ; jamais, dans les siècles vraiment chrétiens, les consolations religieuses n'ont manqué aux hommes qui les ont demandées. Nous parlons du secours constant, de la consolation de tous les jours et de toutes les heures, nous parlons du ministre de Dieu attaché à cette œuvre de la régénération du coupable. Au XVIIe siècle, lorsque Bourdaloue écrit sa belle *Exhortation sur la charité envers les prisonniers*, il ne s'occupe que des secours matériels, du soulagement des maux physiques, et tout en jetant ce noble cri : « Pour être criminels, ne sont-ce pas toujours des hommes ? » il ne paraît pas se souvenir que la charité, soit publique, soit privée, doit s'intéresser par-dessus tout à l'amendement du misérable. On voit bien par ce discours même que certaines personnes y pensaient ; Bourdaloue signale des hommes « capables de paraître ailleurs avec honneur, » et qui se rendaient en quelque manière « plus prisonniers que les prisonniers mêmes, vivant au milieu d'eux, traitant sans cesse avec eux, ne quittant les uns que pour se transporter auprès des autres, leur tenant lieu à tous de pères, de tuteurs, de patrons, d'amis, de confidents, d'agents, surtout d'apôtres et de maîtres en Jésus-Christ. » Ce ne sont là toutefois que des actes individuels, et des actes si extraordinaires que le hardi prédicateur n'ose pas les proposer en exemple au commun des fidèles ; à plus forte raison n'ose-t-il concevoir l'idée d'une institution qui assure la pratique régulière de ce grand devoir social.

La pensée religieuse du XVIIe siècle était donc incomplète sur ce point comme la pensée philanthropique du XVIIIe était irréfléchie ; le XIXe siècle a transformé en devoir public ce qui n'était qu'une vertu d'exception dans l'ancien régime, et, en continuant les traditions généreuses du siècle de Turgot, il les a rectifiées par des doctrines plus hautes. Voilà un sérieux progrès, mais à quel prix est-il acheté ? Il faut voir dans le rapport de M. d'Haussonville combien tous ceux qui travaillent à l'amendement du condamné ont de peine à éviter le découragement. Il y a des directeurs animés du zèle le plus louable qui ont renoncé à tout espoir. Si l'aumônier ne se rebute jamais, c'est qu'il est soutenu par sa foi ; il a pourtant des difficultés bien plus grandes que celles du simple directeur laïque. Deux ennemis l'attendent au seuil de la cellule, l'hypocrisie et le cynisme. Que de prudence il lui faut pour ne pas être dupe de l'un ! quelle douceur pour triompher de l'autre ! il résulte de l'enquête si attentive de M. d'Haussonville que, dans cette lutte contre les pires instincts de la pire humanité, ce sont les religieuses qui obtiennent les meilleurs succès. Le rapporteur a pu constater quelle impression de respect elles font pénétrer peu à peu chez les créatures les plus dégradées ; leurs soins, leur dévouement, ce mélange de douceur et de dignité que rien n'altère jamais, finissent presque toujours par triompher de l'endurcissement du cœur. Et ce ne sont pas là des appréciations complaisantes, il y a eu des épreuves terribles qui ont fourni des preuves irrécusables. Sous la commune, les détenues de Saint-Lazare ont aidé spontanément la supérieure à se soustraire aux violences des forcenés. Une seule défection eût fait échouer le complot ; aucune d'elles n'a failli ; elles ont mené jusqu'au bout cette œuvre d'une si touchante gratitude, et la supérieure a été sauvée. M. d'Haussonville signale ici un fait digne d'attention : dans un temps où la défiance de l'élément ecclésiastique est devenue chez certains esprits une sorte de maladie, au milieu de tant de réformateurs qui déclament à propos de l'instruction, à propos des enterrements, à propos de tout, contre ce qui n'est point exclusivement laïque, nul n'a osé demander jusqu'à présent que la religion fût absente des prisons. L'emprisonnement laïque, comme l'appelle M. d'Haussonville, est une formule qui manque au vocabulaire des discussions quotidiennes. Pourquoi ? C'est que l'idée de l'amendement moral du condamné, à peu près inconnue au XVIIe siècle, tout à fait étrangère au XVIIIe, est aujourd'hui la pensée constante de quiconque s'occupe de questions pénales. C'est ici l'un des points où la déclamation révolutionnaire est forcée de s'arrêter sous peine de heurter un sentiment général.

Il nous serait facile d'extraire beaucoup d'autres détails curieux et instructifs soit du vaste tableau présenté un peu confusément par M. Albert Du Boys, soit du scrupuleux et méthodique rapport de M. le vicomte d'Haussonville. Nous n'avons rien dit des deux volumes que M. Du Boys a consacrés à l'histoire du droit criminel en Angleterre et en Espagne, nous avons négligé la comparaison établie par M. d'Haussonville entre les pénitenciers de la France et ceux des autres états de l'Europe. C'est que nous ne faisions pas œuvre de jurisconsulte ou de législateur ; simple critique attentif aux choses de l'humanité, nous avons préféré nous tenir sur les hauteurs et dégager de cette multitude de faits les caractères essentiels qui permettent de contrôler la philosophie par l'histoire.

Est-il vrai que l'idée de justice soit une idée artificielle née parmi les humains du besoin de se défendre et qui n'implique pas l'existence d'une loi supérieure ? Est-il vrai que les progrès du droit ne soient que le résultat d'un développement fortuit, d'une évolution sans principe et sans but ? L'histoire de cette évolution démontre exactement le contraire. Le premier criminel dans le monde a senti qu'il violait une loi divine ; la société primitive a proclamé aussi cette loi par l'horreur que lui a inspirée l'auteur du crime. Dans la sphère des principes, l'idée de justice précède l'idée de châtiment, et l'idée de châtiment est toujours associée à l'idée de défense ; sur le terrain de l'histoire, la période de la mise hors la loi précède toujours la période du *wergeld*.

En résumé, que renferme cette notion primordiale de la justice ? Deux choses confuses et indistinctes au début, mais que démêlera l'expérience des générations : premièrement le droit de punir, deuxièmement le devoir de travailler par la punition même à l'amendement du coupable. Parce que l'évolution des âges a dégagé ces deux éléments, vous vous persuadez qu'elle les a fait naître. C'est l'erreur d'une analyse bien incomplète. Toute enquête historique où rien n'est omis inflige un démenti à votre système. Il y a une loi éternelle, il y a une lumière qui éclaire tout homme venant en ce monde. Ce n'est pas le travail des siècles qui a créé cette loi, c'est cette loi qui a produit le travail des siècles. L'histoire de l'humanité n'est que le récit de ses efforts vers ce foyer de justice, et ses écarts, ses élans, ses chutes, ses reprises d'espérance et d'ardeur, représentent tout simplement les vicissitudes de cette marche laborieuse, suivant que la clarté divine s'obscurcit ou rayonne au fond de son âme. Une philosophie qui supprime les vérités antérieures et supérieures à l'homme n'expliquera jamais ni les défaillances ni les progrès des sociétés humaines ; elle cherche son point d'appui dans le vide, elle est condamnée à se perdre dans le chaos.

ISBN : 978-1981291458